# UM
# COPO
# DE
# MAR

poesia e fotografia
## Susana Vernieri

# UM
# COPO
# DE
# MAR

Libretos

Porto Alegre, 2020

À vida, misteriosa e divina

Para quem mergulha em mim

世の中は
三日見ぬ間に
桜かな
大島蓼太

Nem sequer três dias
vê esse mundo passar –
Cerejeiras em flor!

Ôshima Ryôta
(1716-1787)

# A TESE

O Signo, sempre em
constante movimento,
é o significado (conteúdo)
e o significante (forma)
imobilizados
pelo pacto cultural.

Susana Vernieri

# A prova 1

O samurai é
Pura espada armada
Na luta cega

Arco e flecha exatos
No alvo invisível

Susana Vernieri
**Tanka**
Japão, sécs. VI a VIII

A prova 2

O sol não se põe
Estrelas prendem a luz
A noite é dia

Susana Vernieri
**Haikai**
Japão, séc. XVII

## A prova 3

Os homens correndo,
E nós, burros, pastando...
Tua cândida figura
Me deixou sofrendo

Os homens correndo,
E nós, burros, pastando...
A noite brilha na aurora
E eu morro escurecendo

Os homens correndo,
E nós, burros, pastando...
João Cabral se despedindo
E fantasmas aterrissando

Os homens correndo,
E nós, burros, pastando...
A terra empobrecendo
E a poesia morrendo

Os homens correndo,
E nós, burros, pastando...
O mundo guerreando
Deus! A arte fenecendo
A noite brilha na aurora
A noite brilha lá fora
E eu morro escurecendo

Susana Vernieri,
em homenagem a Manuel Bandeira
### Rondó
Europa, séc. XVII

# A prova 4

Ela fazia uma estripulia
Cada vez que via o dia
Ficava nervosa
E toda prosa
Maria era só fantasia

Susana Vernieri
**Limerick**
Irlanda, 1846

# SUMÁRIO

FIGURAS NO ESPELHO
- A zeladora do mar — 20
- Meu amor é minha Vida — 21
- Ópera vermelha — 22
- Despedida — 23

MORRER
- Insônia — 26
- Aurora — 27
- Sesta — 28
- Escuro — 29

PARTIDAS E CHEGADAS
- Prisão — 32
- Ilhas gregas — 33
- Santiago de Compostela — 34
- Escalada — 35

## ÁGUA DE SOL
- Caos de fogo — 38
- Caminhos — 39
- O limite do ar — 40
- Praia — 41

## PERSONAS
- Titanic — 44
- Bruxaria — 45
- Troca-letra — 46
- Português — 47

## RIO GRANDE
- Sul — 50
- Chimarrão — 51
- Cavalo — 52
- Dança — 53

## MAR DE AMOR
- Ausência — 56
- Réveillon — 59
- Canhota — 60
- Celeste — 61

## MODINHA
- *Por una cabeza* — 64
- Anel de bamba — 65
- Queijo com goiabada — 66
- Show — 67

## SERES IMAGINÁRIOS
- Mítico     70
- Tesouro     71
- Clepsidra     72
- Aliança     73

## ESPELHO MÁGICO
- Estetoscópio     76
- Sentidos     77
- Partida     78
- Naufrágio     79

## CIDADE
- Construção     81

## DINHEIRO
- Riqueza     83

## ESPAÇO
- Constatação     85

## O DIABO
- Pacto     87

## NOTA FINAL     88

# FIGURAS NO ESPELHO

## A zeladora do mar

O nome dela é Rose
Administra um farol
O edifício na praia
É uma pedra que não afunda

## Meu amor é minha Vida

Minha dona é feita de lua,
estrelas, sol e mar.
Eu sou feita dela.
Do seu desejo.
A vontade dela é a minha
vontade, pois em troca
ela me dá a lua, as estrelas,
o sol, o mar e o ar que respiro.
Quem é minha dona?
Seu nome?
É conhecida como Vida,
e assim chamada
pelos íntimos que nos conhecem.
Meu amor é minha Vida.

## Ópera vermelha

Carmem é de sangue
Mas seu coração é de água
Feito por lágrimas
Que brotam da sua boca
Carmem é brejeira
A cereja da cerejeira
Carmem é tragédia
Esculpida a golpes de punhal
Carmem é vaidosa
Morta por uma rosa
Carmem é perigo
Para qualquer amigo

## Despedida

Sonho com um anjo...
É Ângela que se foi
Sem explicar
Porque o sol se pôs

MORRER

## Insônia

Morrer de madrugada
É dor entranhada
É levar uma facada
E rezar para que
o dia nasça

## Aurora

Morrer na aurora
É beijar a praia
É se afogar na areia
E rezar para que
a tarde venha

## Sesta

Morrer de tarde
É ter indigestão
É dormir uma sesta
E rezar para
não ensopar a camiseta

# Escuro

Morrer de noite
É acordar no escuro
É banhar-se de lua
E rezar para
não ver estrelas

# PARTIDAS E CHEGADAS

Prisão

Te procuro no trem
Que vai de Corumbá a Santa Cruz
Mas ficaste preso
Na alfândega de Cochabamba

## Ilhas gregas

O mar grego é azul-calipso
Mergulho em Santorini
Para sair limpa em Atenas

# Santiago de Compostela

Compro um anel de prata
e turquesa
Aliança para a vida inteira
Quem ganha é Mirela
A feiticeira da Galícia

## Escalada

Subo a ladeira de
Crownview Drive a pé.
A montanha não tem fim.
Meus olhos cansados
do asfalto do chão da via
são lavados no topo
pela vista de Los Angeles.
Imagino ao ver a *skyline*
do centro se algum dia,
em alguma janela,
poderei ser vista por alguém
que espia o horizonte
procurando um olhar perdido
em Crownview Drive.

ÁGUA DE SOL

## Caos de fogo

No princípio era o fogo
O sol com suas explosões magníficas
Queimou tudo
Na sua inclemente chama
Veio a morte
A cinza
E o breu

## Caminhos

O melhor caminho entre dois pontos
É a reta
A curva pode ser a rota
A surpresa do acaso
é a paisagem

## O limite do ar

Oxigênio volátil
Queima com um fósforo
Suspiro e fumaça
Embaça
Embaraça
O traço da brasa no ar

## Praia

A praia se anuncia
É dia de sol
Brilha a onda
O mar em seu infinito limite
Convida para um mergulho
Homem virando peixe
Cavalo-marinho, estrela-do-mar
Na conquista do salto
No trampolim da vida

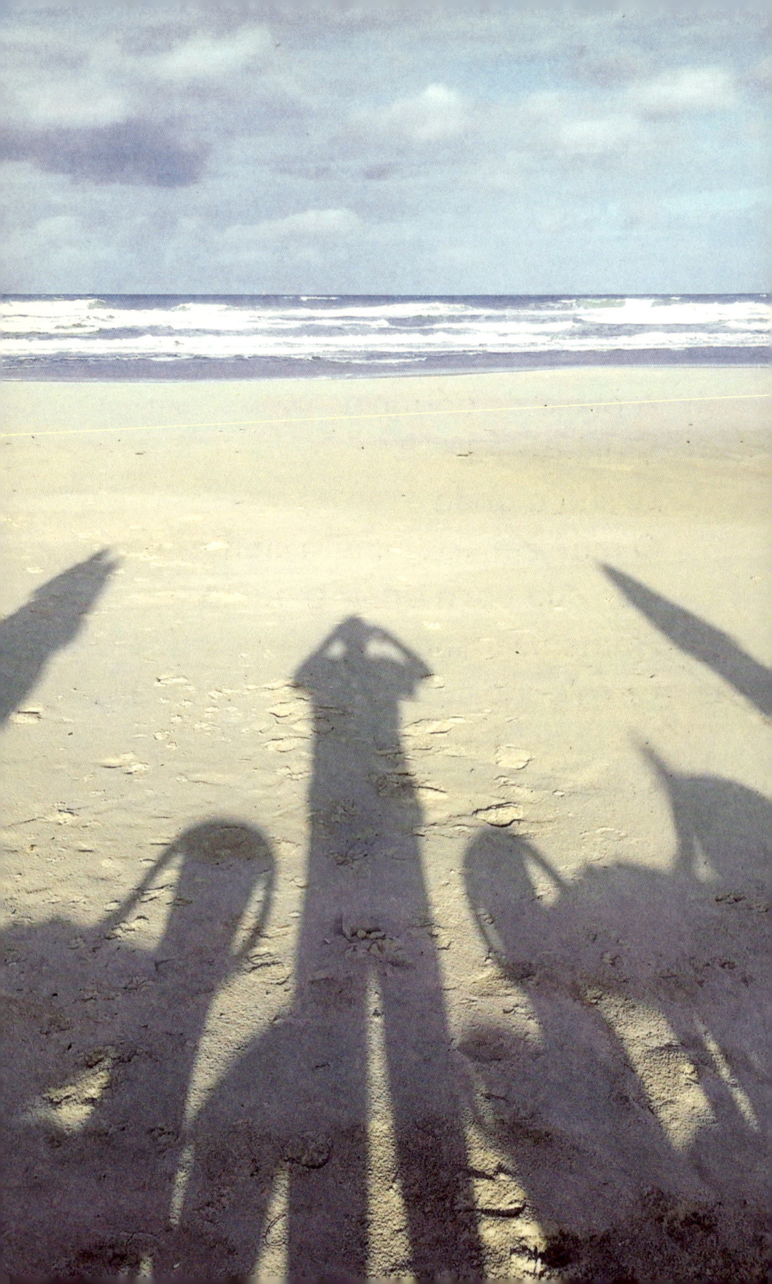

# PERSONAS

# Titanic

O rato Mickey
Foi o primeiro
A abandonar a Disneylândia
Quando começou
O naufrágio
Do navio
Dos Piratas do Caribe

## Bruxaria

Harry Potter faz magia
No caldeirão
Da fantasia

# Troca-letra

Cebolinha dá a linha
E Mônica é fisgada
Para dar aula de foniatria

## Português

Emília doura a pílula falante
no reino das Águas Claras,
e Narizinho
joga o pó de Pirlimpimpim
para escapar,
ilesa, com a boneca,
do País da Gramática

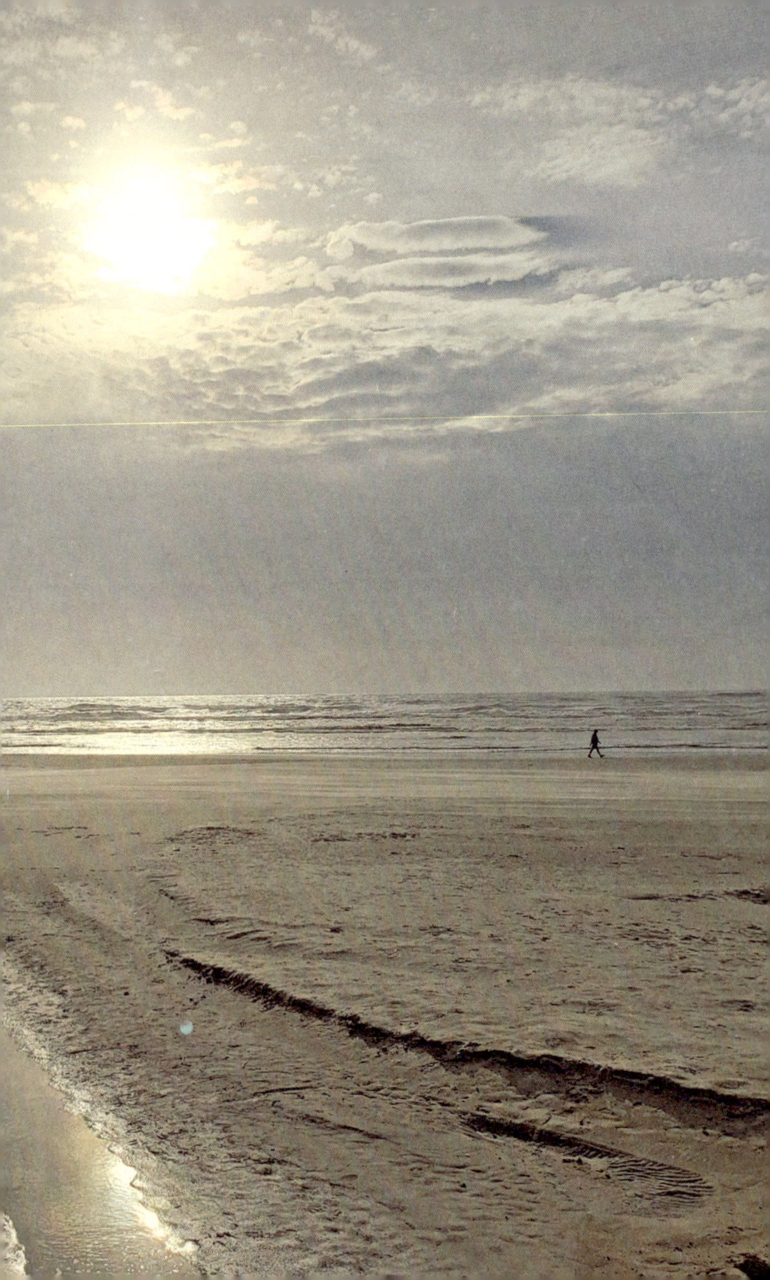

RIO GRANDE

## Sul

O tempo no Pampa
É medido pela linha do céu

## Chimarrão

Mate, erva, cuia e bomba
levam o gaúcho
a um universo de arco-íris
a um verde horizonte
à noite de estrelas
via-láctea amarga e doce
à conversa de silêncios
ao fogo e à água
à tréqua dos dias
e ao sono dos justos

## Cavalo

O peão doma o destino
Como quem mata um leão

## Dança

A chinoca era airosa
Com olhos de gazela
Pedi para dançar uma milonga
Em troca
De um punhado de doces
E o coração de baqual
Ficou perdido
Se encontrou
No espelho do cenho
Misterioso de seu mirar
Me emaranhei no cabelo moreno
E nasci para bailar um chamamé

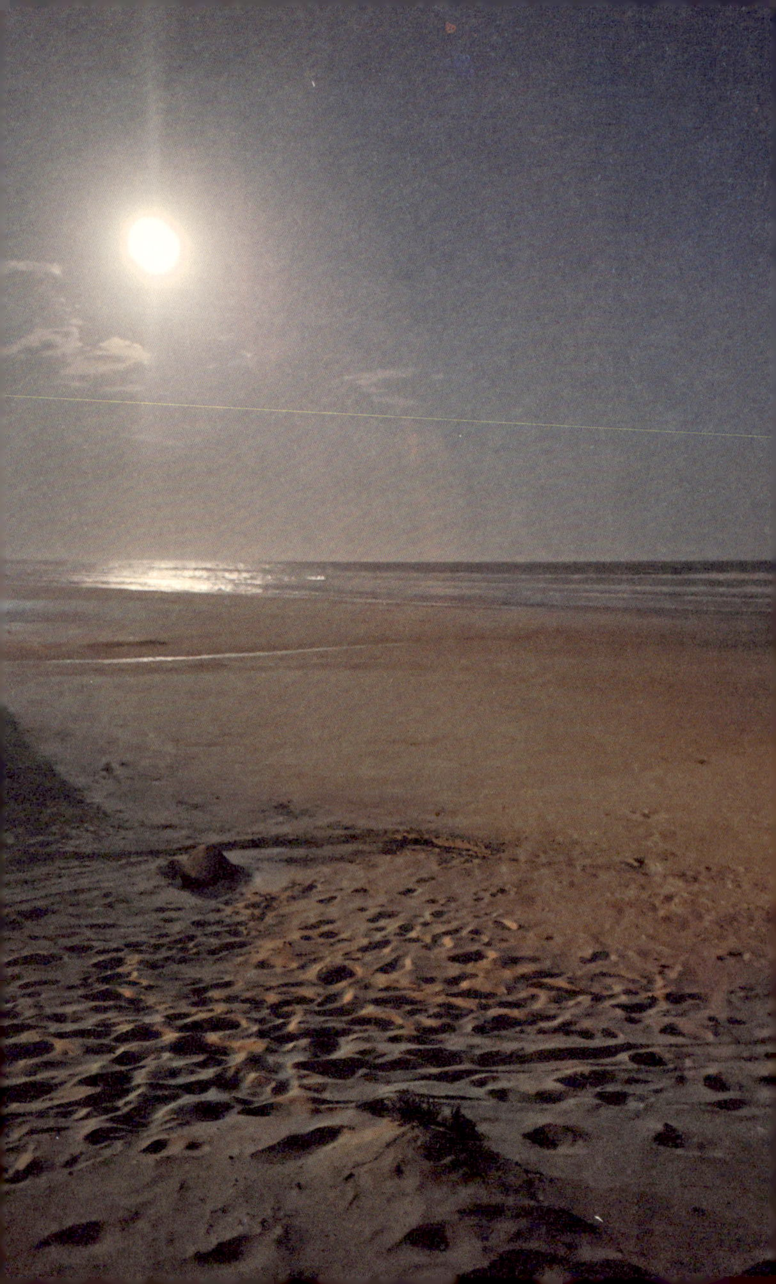

# MAR DE AMOR

## Ausência

Não sei escrever o quanto
tua ausência se faz presente.
É no riso que não brota,
é no olho que não te enxerga,
é na voz que não escuto.
Não sei escrever o quanto
estás presente.
É na lembrança de teu sorriso,
é na memória do teu toque,
é com a cabeça
no teu cabelo enrolado.

Não vejo agora a lua cheia
no céu nublado.
A lua é tu.
Luz que ilumina a noite.
Sinto saudades
de nem sei mais o quê.
Talvez de tudo que tenha
nos dito respeito.
Talvez de uma ilusão
que mais que fugaz é presença
constante na ausência.

Talvez uma certeza
que muito forte
é marca no meu coração.
Eu te pertenço numa entrega
que não fazes ideia.
Tu me pertences na memória
e no desejo de um dia
te reencontrar.

# Réveillon

te ver é um réveillon
estouram fogos
estrelas brilham
a bolha da champagne sobe
até me afogar em riso
felicidade é te ter perto
mesmo que seja à distância

## Canhota

a mão esquerda é a hábil
para carregar flores
empunhar relógios de ouro
fazer carinho nas crianças
e dirigir suas andanças

a moça é *gauche*

## Celeste

O anjo invade meu sono
sonho com o mar
ouço um bater de asas
e sinto um perfume de incenso
que vontade de acordar
mas ainda é proibido mergulhar
no oceano iluminado pelo anjo

sigo a sonhar com as
profundezas marinhas
sigo a buscar o fôlego da praia
para me salvar da noite escura
da morte

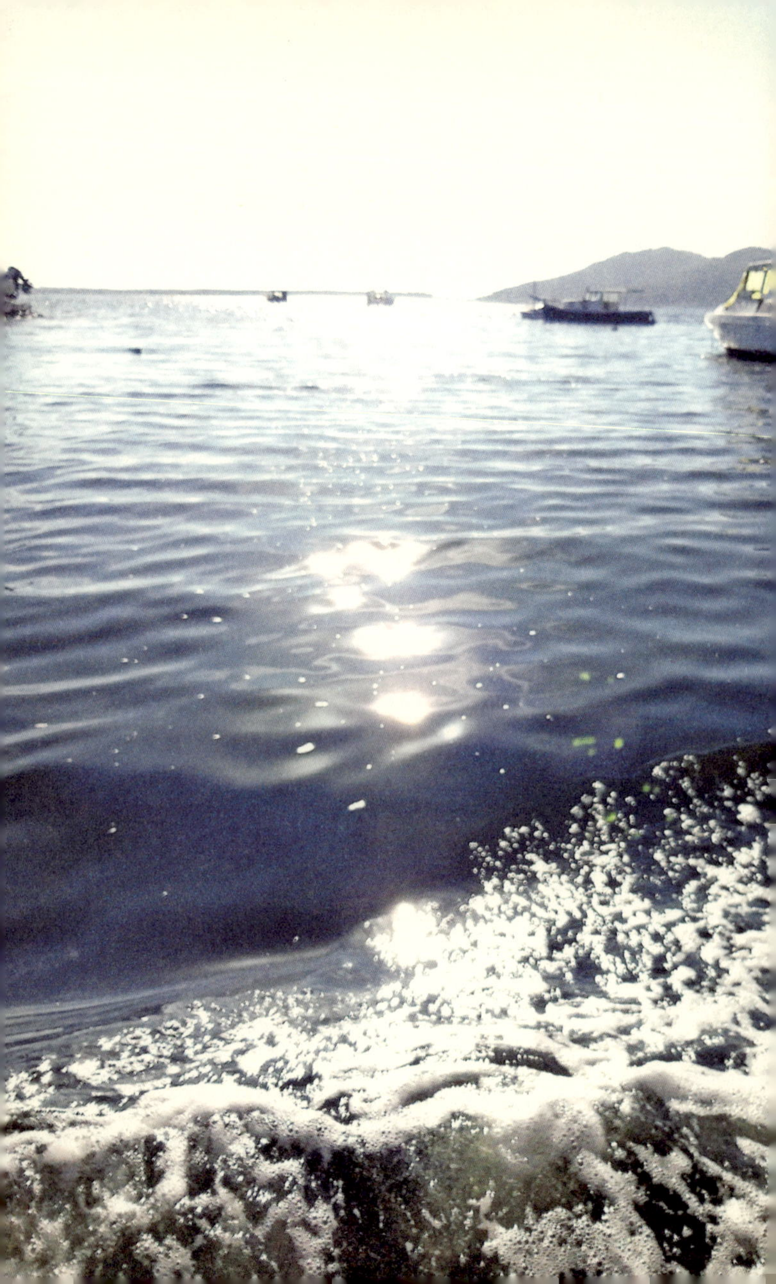

# MODINHA

*Por una cabeza*

Toca um tango
para eu chorar
para eu molhar a areia da praia
depois vem enxugar meus olhos
me dar um beijo
e me fazer sonhar

## Anel de bamba

Toca um samba
para me fazer dançar
dança comigo que não sei
dançar miudinho
deixa ver a bailarina rodopiar
em volta de mim
em volta do mundo
passo a passo
na conquista do meu coração
me dá a mão
me dá um beijo
antes que a música termine

## Queijo com goiabada

Te chamo atriz e me atrevo
a te pedir um solo
Por um triz
não caio no chão
de um ataque do coração

Encenas Julieta
contando da cotovia e do rouxinol
Eu, pobre Romeu
sou um pardal
usual e ordinário
perante tua beleza

Ó deusa das manhãs
ó febre das minhas noites
sou simplesmente teu fã

## Show

O cavaquinho chora
Quatro compassos
De teus passos
Danças um sambinha
E vais embora sem olhar
pra trás

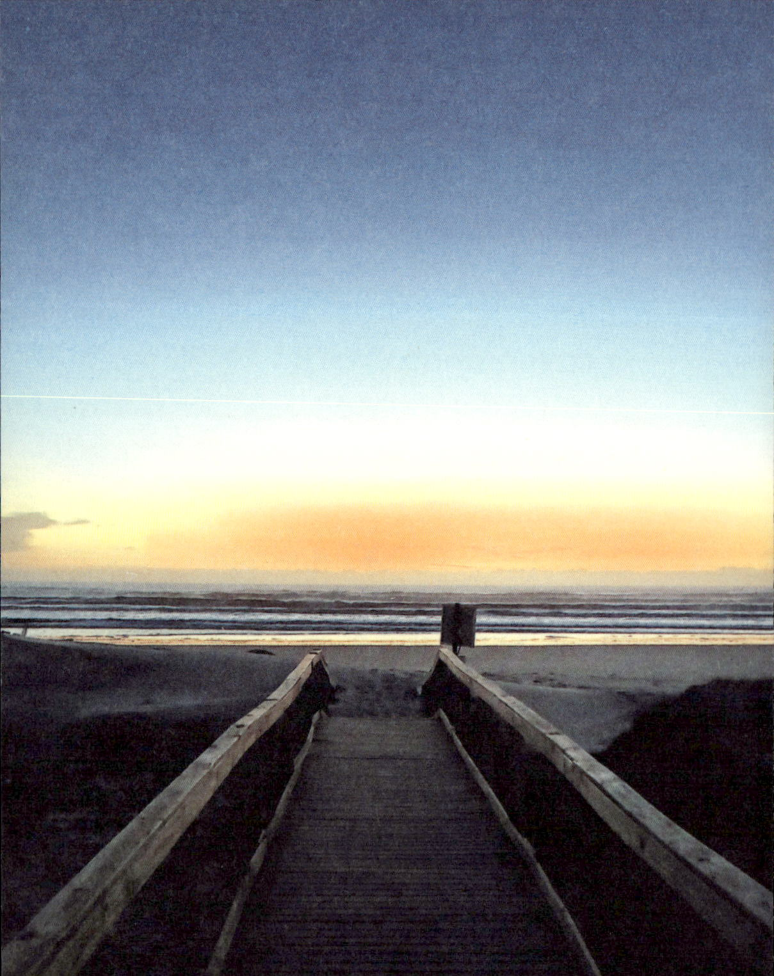

# SERES IMAGINÁRIOS

## Mítico

O unicórnio vê estrelas
Quando alisam seu pelo
Ser de desejo
Bicho das galáxias
Ares de mito
Ilusão que pinto

# Tesouro

do sol, o ouro
da lua, a prata
do cobre, o fogo
colho estrelas
e molho o mar
com minhas lágrimas

## Clepsidra

O vazio da tarde escorre
por entre os dedos
A dor de não conseguir
prender a água com as mãos
É a mesma da vida
E da morte

## Aliança

Ofertei uma joia
Recebi um convite
Para escutar as ondas
Mergulhei no mar
E me afoguei no seu beijo
Ah, desejo
Teus braços são meu destino
Sob qualquer tempo
Debaixo de chuva
Ou raios de sol
Que o pó da existência
Seja infinito e não nos aparte

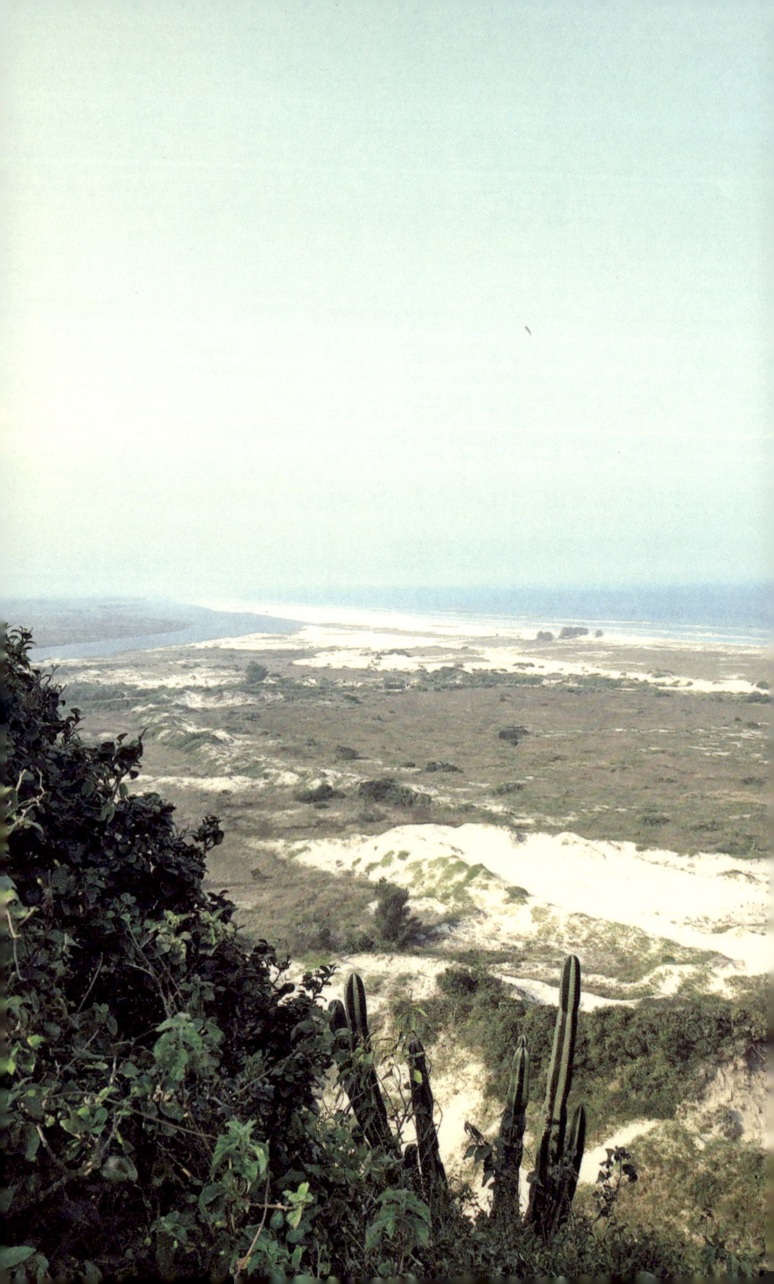

# ESPELHO MÁGICO

## Estetoscópio

ela escuta corações
os compassos e descompassos
para depois criar canções
toca música com uma batida
de criança
e dança
vestida de branco
ganha o ar
e descansa nos meus abraços
passos de princesa
laços de presente
nunca ausente
sente comigo
corações que batem juntos
meu par
meu lar
meu ar

## Sentidos

Sem você, a escuridão chega
cega, tateio o vácuo
e não encontro nada.
Sem você, todos são estranhos
surda, apuro os ouvidos
e a música é silêncio.
Sem você, não há luz para
os meus olhos,
não há cor, não há voz,
não há nem um rastro de mim.
Só há noite sem lua,
mar sem fim,
onde me afogo em choro sentido,
onde te busco até o infinito.

## Partida

Deixo o cais
aceno um suspiro
te perco no horizonte
choro pra dentro
a água bate na ponte
respiro, e sigo em frente
te carrego na minha carne
te enxergo nos meus olhos
te sinto na minha boca
é porque vieste junto
e seguimos de mãos dadas

Para Ana Cristina Cesar

## Naufrágio

Sempre é possível
ancorar uma nave espacial
no mar

CIDADE

## Construção

A pedra de toque
É o edifício do engenheiro
Com portas abertas para o futuro
E janelas olhando o passado

# DINHEIRO

# Riqueza

Ter 25 centavos te leva longe
Pois comer um pão é satisfazer o corpo
E encher a alma

ESPAÇO

## Constatação

O céu é maior
No inferno

O DIABO

## Pacto

Enterrei a cruz na estrada
O caminho iluminou-se
E gritei para chamar Lúcifer
Não veio
Rezei uma oração
E segui adiante

# NOTA FINAL

Os quatro poemas de Susana que abrem este livro funcionam como uma maneira de provar que o significado e o significante estão ancorados à voz de uma cultura e que ela sobrevive ao tempo.

> "Os poemas tradicionais que transformo em contemporâneos são pura matemática, e esta linguagem é uma base atemporal."
>
> Susana Vernieri

A partir deste exercício teórico-poético, a poeta sente-se livre para brincar com temas diversos.

A seguir, os conceitos resumidos dos quatro formatos apresentados: tanka, haikai, rondó e limerick.

## Tanka (poema curto)

É um estilo de poesia japonesa e é formado por 31 sílabas (versos de 5 - 7 - 5 - 7 - 7 sílabas, respectivamente). Sua origem está no waka, termo genérico para designar a poesia aristocrática (também de 31 sílabas). Essa forma poética foi muito utilizada entre os séculos VI e VIII, no Japão.

Haikai

É composto por tercetos breves, poema
escrito em linguagem simples, sem rima,
estruturado em três versos que somam
17 sílabas poéticas: cinco sílabas no primeiro
verso, sete no segundo e cinco no terceiro
(5 - 7 - 5). Essa forma poética teve seu
apogeu entre os séculos XVII e XIX.

## Rondó portuguès

Tem número variável de estrofes, todavia, o costume é oito quadras ou quatro oitavas. Uma quadra se repete ao fim de oitavas ou de duas quadras. A quadra recorrente tem rima encadeada, isto é, a rima correspondente ao primeiro verso situa-se no interior do segundo, a deste no interior do quarto. O verso de preferência é o heptassílabo (sete sílabas), conhecido como redondilha maior. As 59 primeiras composições da obra *Glaura*, de Silva Alvarenga, são rondós desse tipo. Como exemplo moderno, o *Rondó dos Cavalinhos*, de Manuel Bandeira.

## Limerick ou limerique

É um poema de uma estrofe de cinco versos.
O nome do poema é geralmente considerado
como uma referência à cidade irlandesa de
Limerick, que é onde acredita-se tenha tido
origem, mas seu uso foi documentado pela
primeira vez na Inglaterra, em 1846, quando
Edward Lear publicou *A Book of Nonsense*.
Versa, na maioria das vezes, sobre temas de
tendência humorística, por vezes obscenas.
O esquema rímico é AABBA. Os versos
são de três sílabas. O poeta brasileiro
Sousândrade se deixou influenciar por essa
forma poética em seu livro *O Guesa Errante*.

© Susana Vernieri, poesia e fotografia, 2020

Os direitos desta edição pertencem à Libretos Editora.
Proibida a reprodução, ainda que parcial, sem referência à fonte.

Edição e design

Clô Barcellos

Revisão

Célio Klein

Dados Internacionais de Catalogação na Publicação:
Bibliotecária Daiane Schramm – CRB-10/1881

---

V536u   Vernieri, Susana
           Um copo de mar: poesia e fotografia. /
       Susana Vernieri. - Porto Alegre: Libretos, 2020.
          96p.; il. 12x17cm.
          ISBN 978-65-86264-00-5
          1. Literatura Brasileira. 2. Poesia.
       3. Fotografia. I. Título.
                                    CDD 869

---

LIBRETOS
Rua Peri Machado, 222 B 707
90130-130
Porto Alegre/RS
facebook.com/libretos.editora
libretos@libretos.com.br
www.libretos.com.br

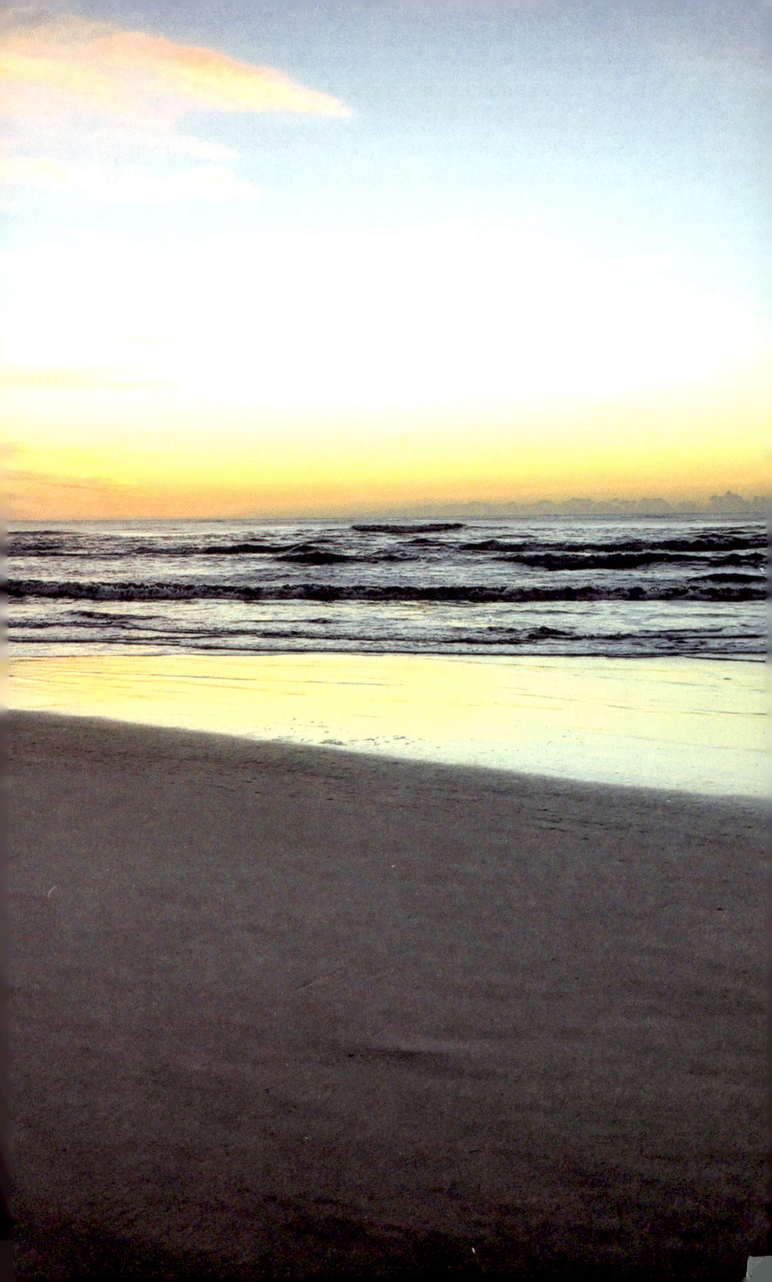

poesia e fotografia
## Susana Vernieri

# UM
# COPO
# DE
# MAR

**Lib**r**etos**

Livro composto em Broadband,
com 96 páginas, 12cm x 17cm, impresso sobre
papel off white 90 gramas, pela gráfica Pallotti
de Santa Maria/RS, em março de 2020.